Huhn

Inhaltsverzeichnis

Passend zu diesem Themenheft erhalten Sie eine **Animation** und **interaktive Angebote kostenlos.**

Einfach den QR-Code scannen.

Vorwort

Der Hahn kräht auf dem Mist sein lautes „Kikeriki“, während die Hühner im Hof nach Würmern picken und jeden Tag ein Ei legen. Diese Bilderbuchszenen sind bereits vielen Kindern gut bekannt. Auch wenn das Leben der meisten Hühner in der Realität ganz anders aussieht – zum Thema „Huhn“ bringen fast alle Kinder ein gewisses Vorwissen mit in die Klasse.

Das Themenheft greift alle wichtigen Aspekte rund um das Thema „Huhn“ für die 1./2. Klasse auf und beantwortet viele wichtige Fragen. Die Kinder erwerben ein Basiswissen, auf dem sie in höheren Klassen aufbauen können. So lernen sie die Lebensweise ebenso wie den Körperbau von Hühnern kennen. Sie erkunden die Entwicklung vom (befruchteten) Ei zum Küken und erfahren, dass uns das Huhn als Nutztier eine Vielzahl von Speisen liefert. Darüber hinaus kommen sie der Nummer auf dem Ei auf die Spur, lernen Wissenswertes über die Ernährung und die Feinde von Hühnern und führen Experimente rund ums Ei durch.
Die Themenschwerpunkte zur Lebensweise, dem Körperbau und der Fortpflanzung von Hühnern sowie dem Huhn als Nutztier werden in drei unterschiedlichen Schwierigkeitsstufen angeboten. Sie sind durch Symbole (◯ = leicht, ◯◯ = mittel, ◯◯◯ = schwer) gekennzeichnet. Diese Arbeitsblätter eignen sich gut zur inneren Differenzierung, für inklusiven Unterricht, verschiedene Jahrgangsstufen oder als vorbereitende oder vertiefende Hausaufgabe. Im Anschluss an die Themenschwerpunkte finden Sie weitere Angebote zu dem Thema „Hühner“. In einer Lernzielkontrolle können die Kinder abschließend ihr erworbenes Wissen testen.

Ich wünsche Ihnen mit Ihrer Klasse viel Spaß mit dem Hühner-Projekt!

Teresa Zabori

Hinweise

Um den Kindern eine authentische Erfahrung mit Hühnern zu ermöglichen, bietet es sich an, ergänzend einen Ausflug zu einem (Bio-)Bauernhof oder einem privaten Hühner-Halter mit Hühnern in ökologischer oder Freilandhaltung zu unternehmen. Für die Kinder ist das meistens eine wirklich tolle Erfahrung. Sie können die Hühner aus unmittelbarer Nähe beobachten – und vielleicht ergibt sich sogar die Gelegenheit, Eier aus den Nestern einzusammeln oder die Hühner zu füttern. Manche Hühner sind so zahm, dass die Kinder sie sogar auf den Arm nehmen und streicheln können. Außerdem können die Kinder ihre Fragen rund um Henne, Hahn, Küken und Ei dann direkt vor Ort von einem Experten beantworten lassen.
Es gibt inzwischen auch Schulen, an denen Hühner gehalten werden. Wenn es das Schulgelände zulässt und genügend helfende Hände zur Seite stehen, ist das für die Kinder – und auch alle anderen am Schulleben Beteiligten – ein tolles Projekt.

Allgemeine Infos über Hühner
Hühner werden schon seit mehreren tausend Jahren vom Menschen als Nutztiere gehalten. Als Vorfahre unseres Haushuhns gilt das wildlebende Bankivahuhn, das in Südostasien beheimatet ist. Die ersten Hühner wurden in Indien, später in China und Ägypten gehalten. Aber erst die Römer betrieben eine Haltung von Haushühnern im größeren Stil und ließen sich Fleisch und Eier schmecken. Im Laufe der Zeit verbreitete sich das Haushuhn immer weiter in Europa. Entgegen vieler Darstellungen in Bilderbüchern sind Hühner nicht nur weiß, braun oder schwarz gefärbt. Allein in Europa kommen über 180 verschiedene Hühnerrassen vor, die sich in Gestalt und Gefieder deutlich voneinander unterscheiden. Und auch bei den Eiern ist die Sortenvielfalt groß: Neben den üblichen weißen oder braunen Eiern aus dem Supermarkt gibt es auch türkisfarbene, grünlich, bläulich oder rötlich gefärbte Eier.

Verhalten und Fortpflanzung
Hühner leben in einer kleinen Schar von mehreren Hennen, Küken und einem Hahn zusammen. Der Hahn wird auch als „Gockel" bezeichnet und nimmt in der Hühnerschar eine besondere Position ein. Er beschützt die Hühner und warnt sie vor Gefahren. Wenn eine Henne Eier bebrütet oder mit ihren Küken unterwegs ist, nennt man sie „Glucke". Das Leben von Hühnern folgt einer strengen Rang- bzw. Hackordnung, in der jedes Huhn seinen festen Platz innehat.
Den größten Teil des Tages sind Hühner mit der Suche nach Nahrung beschäftigt. Sie sind Allesfresser und scharren und picken nach Würmern, Insekten und sämtlichen anderen tierischen und pflanzlichen Nahrungsquellen. Mit ihren Augen können sie in zwei unterschiedliche Richtungen blicken. Während das eine Auge am Boden nach Nahrung sucht, wird das andere Auge in die Luft gerichtet und hält nach Feinden wie Greifvögeln Ausschau. Mindestens einmal pro Tag nehmen Hühner ein Staub- oder Sandbad. Dieses dient zur Gefiederpflege, denn dabei werden lästige Parasiten entfernt. Aufgrund ihres schweren Körpers und ihrer kurzen Flügel können Hühner nicht fliegen, sondern nur flattern. In der freien Natur schlafen Hühner zum Schutz vor Füchsen, Mardern und anderen Feinden auf den Ästen von Bäumen. Im Hühnerstall machen sie es sich nachts auf einer Stange gemütlich.

Das Huhn als Nutztier
Das Haushuhn ist heute weltweit das häufigste Nutztier. Insgesamt leben rund 20 Milliarden Hühner auf der Erde – also fast dreimal so viele wie Menschen. In Deutschland gibt es zwei meist strikt voneinander getrennte Wirtschaftszweige in der Geflügelindustrie: Die Haltung von Legehennen zur Eierproduktion und die Haltung von Masthühnern und -hähnen. Die Dimensionen sind dabei gigantisch. Meist werden in einem Stall mehrere tausend Hühner gehalten. Aus welcher

Haltungsform ein Ei stammt, lässt sich an der aufgestempelten Nummer erkennen: 0 = ökologische Haltung, 1 = Freilandhaltung, 2 = Bodenhaltung, 3 = Kleingruppenkäfighaltung. Während die Hühner bei der ökologischen und Freilandhaltung Auslauf ins Freie haben, ist dies den Hühnern der beiden anderen Haltungsformen verwehrt. Hühner in Bodenhaltung leben dicht gedrängt im Stall. Die Kleingruppenkäfighaltung hat die frühere Käfighaltung abgelöst, verbessert hat sich das Leben der Hühner jedoch nicht. Im Laufe des kurzen Hühnerlebens kommt es zu zahlreichen Verhaltensstörungen, wie dem gegenseitigen Federpicken, was zu Verletzungen und Entzündungen führt. Generell ist die industrielle Geflügelproduktion mit vielen Problemen bezüglich des Tierwohls behaftet. Der Verein „Rettet das Huhn e. V." nimmt sich solcher „ausgedienter" Legehennen an und vermittelt sie an Privatpersonen.

Hinweise zu den einzelnen Angeboten

zu S. 17 „Vom Ei zum Küken"
Eine schöne Ergänzung ist das digitale Lernvideo „Vom Ei zum Huhn", das Sie über den QR-Code im Inhaltsverzeichnis herunterladen können.

zu S. 26 „Experiment 1 – Der Wassertest: Frisch oder alt?"
Zur Durchführung des Experiments benötigen Sie rohe Eier unterschiedlichen Alters. Die Eier können Sie den Kindern zur Verfügung stellen oder von diesen selbst – sicher in Eierkartons verpackt – mitbringen lassen. Bei der letzteren Variante ist das Ergebnis offen, das heißt wie viele Eier am Boden der Gläser bleiben und noch essbar sind und wie viele schwimmen (und nicht mehr verzehrt werden sollten), finden die Kinder erst beim Experimentieren heraus. Das Experiment lässt sich gut in Partner- oder Gruppenarbeit durchführen. Anschließend können die Kinder die Plätze wechseln und sich die Ergebnisse der anderen Gruppen anschauen.
Als Erweiterung können die Kinder die „Schüttelprobe" machen. Dazu nehmen sie das Ei in die Hand und schütteln es. Bei frischen Eiern ist im Gegensatz zu alten Eiern kein Geräusch zu hören.

zu S. 27 „Experiment 2 – Der Drehtest: Roh oder gekocht?"
Auch dieses Experiment können die Kinder gut in Partner- oder Gruppenarbeit durchführen. Bitte stellen Sie jedem Paar bzw. jeder Gruppe ein rohes und ein gekochtes Ei zur Verfügung.

Internetadressen
Für die Lehrkraft:
- *www.planet-wissen.de/natur/haustiere/huehner/huehnerwirtschaft-100.html* (für Erwachsene, Hintergrundinfos zur Fleisch- und Eierproduktion)
- Rettet das Huhn e. V.: *www.rettet-das-huhn.de/*
- *www.tierwelt.ch/tiere/ziervoegel-gefluegel*

Für die Kinder:
- *www.medienwerkstatt-online.de/lws_wissen/* → Tiere → Vögel → Haushuhn

Filme für Kinder:
- Die Geschichte vom Huhn und dem Ei: *www.youtube.com/watch?v=xlkL8WRGbjM*
- Anna und die Haustiere: Huhn
  www.youtube.com/watch?v=abbrPqWO4Ow
- Schlüpfen aus allen Eiern Küken? (OLI's Wilde Welt im SWR Kindernetz):
  www.youtube.com/watch?v=Q5YDhkPygGA
- Ein Küken schlüpft aus dem Ei im Tiergarten Schönbrunn:
  www.youtube.com/watch?v=eNkTKyydAVQ

Vorwort des Verlages

Liebe Lehrkraft,

mit dem THemen-Heft **Huhn** aus der Themenheft-Reihe haben Sie eine Materialsammlung erworben, die Ihnen aufgrund des Aufbaus vielfältige Einsatzmöglichkeiten bietet:

- Einsatz als Themenheft, als Projekt oder auch als Werkstatt (durch die beigefügte Blanko-Auftragskarte)

- Fächerübergreifende Bearbeitung des Themas
- Arbeitsblätter zu den **Themenschwerpunkten** entsprechend Lehrplan Sachunterricht und Deutsch

- Dreifache Differenzierung dieser Arbeitsblätter
  - zur inneren Differenzierung
  - zur vorbereitenden oder vertiefenden Hausaufgabe
  - für verschiedene Jahrgangsstufen
  - für jahrgangsübergreifende Lerngruppen
  - für inklusiven Unterricht

- Die Reihenfolge der Themenschwerpunkte kann variiert werden.

- Weiterführendes Arbeiten über das Kernthema hinaus durch (nicht differenzierte) Arbeitsblätter zu **Zusatzthemen**

Zu Ihrer Arbeitserleichterung enthält dieses Heft:
- Vorschläge für die Gruppenarbeit
- eine Lernzielkontrolle zur Überprüfung des erlernten Wissens der Kinder zum Thema
- einen Beurteilungsbogen zur Rückmeldung des Arbeitsverhaltens für die Kinder
- Farbseiten mit Bildkarten zum Thema
- digitales Zusatzmaterial

Wir wünschen Ihnen viel Erfolg bei der Arbeit mit dem Themenheft „Huhn“.

Ihr BVK Buch Verlag Kempen

Vorschläge für die Gruppenarbeit

Zum Einstieg in das Thema bieten sich die folgenden Möglichkeiten an:

- **Ratespiel:** Welches Tier ist es?
  Erklären Sie den Kindern, dass ab heute im Unterricht ein neues Tier im Mittelpunkt steht. Dieses sollen sie erraten. Bei dem kleinen Ratespiel dürfen die Kinder nur Fragen stellen, die sich mit „nein“ oder „ja“ beantworten lassen, wie zum Beispiel „Hat das Tier Federn?“ oder „Kann es fliegen?“. Im Anschluss kann die Abbildung von einem Huhn (ggf. ebenfalls von Hahn und Küken) an die Wand projiziert werden.
- Bild von einem Huhn (ggf. mit Hahn und Küken) als **„stummen Impuls“** an die Wand projizieren
- Erstellen einer **Mindmap** an der Tafel zum Thema
- Abspielen von Audiodateien, auf denen das Gackern von Hühnern, das Krähen eines Hahns oder das Piepsen von Küken zu hören ist.
  Tipp: *www.geräuschesammler.de/tiergeraeusche*

- **Gemeinsames Wissen sammeln:** Die Kinder werden in Kleingruppen eingeteilt. Jeder Gruppe wird eine DIN-A3-Seite mit der Abbildung einer Henne, eines Hahns, eines Kükens oder eines Eis ausgehändigt. Die Kinder malen und / oder notieren auf den Blättern ihre Gedanken zum Thema. Anschließend stellen sie diese in der Klasse vor.

- **Eckengespräch:** Die Klasse wird in vier Gruppen (pro Gruppe maximal sechs Kinder) aufgeteilt. In jeder Ecke des Klassenraums werden ein großes Plakat (DIN A1 oder DIN A2), zwei dicke Stifte sowie eine jeweils andere Frage zum Thema „Hühner“ bereitgelegt. Mögliche Fragen sind zum Beispiel: Was sind die Unterschiede von Henne, Hahn und Küken? Wie sehen Hühner aus? Wo leben Hühner? Welche Besonderheiten gibt es bei diesen Tieren?
  Die Kinder einer jeden Gruppe sollen darüber ins Gespräch kommen und ihre Ergebnisse auf dem Plakat festhalten. Nach etwa fünf Minuten wechseln die Gruppen jeweils die Ecken. Das Eckengespräch ist beendet, wenn jede Gruppe einmal in jeder Ecke war.

RÜCKMELDUNG			
Liebe / r ______________________________________ , so hast du beim Thema „Huhn“ gearbeitet:			
	☺	😐	☹
Du hast konzentriert gearbeitet.			
Du hast selbstständig gearbeitet.			
Du hast deine Arbeiten beendet.			
Du hast dich an Unterrichtsgesprächen beteiligt.			
Du hast deine Mappe in Ordnung gehalten.			
Kommentar:			

✂ ....

Auftragskarte zu Werkbereich

Huhn

Übersicht über die Themenschwerpunkte

Themen-schwerpunkt	Schwierigkeitsgrad			Seite
	einfach	mittel	schwer	
Lebensweise	Hühner-Suchbild	So leben Hühner	Ein Tag bei den Hühnern	9
Körperbau	Wie sieht ein Huhn aus?	Die Körperteile der Henne / Die Körperteile des Hahns	Der Körperbau der Hühner	12
Fortpflanzung	Vom Ei zum Küken	Nachwuchs bei den Hühnern	Wie entstehen kleine Küken?	17
Das Huhn als Nutztier	Speisen vom Huhn	Domino: Wie kommt das Ei in den Supermarkt?	Woher kommt das Ei?	20

Übersicht über die zusätzlichen Angebote

Lernangebote	Seite
Was fressen Hühner?	23
Die Feinde der Hühner	24
Wie sieht ein Ei von innen aus?	25
Experimente rund ums Ei	26
Bastelanleitung: Küken als Eierbecher	28
Lernzielkontrolle: Was hast du behalten?	29

Name: ______________________ Datum: __________

Hühner-Suchbild

☐	☐	☐
Küken	Hennen	Hahn

Aufgaben

1. Schaue dir das Bild an.
2. Male an: **Küken = gelb, Hennen = braun, Hahn = bunt**
3. Wie viele sind es jeweils? Zähle.
   Schreibe die Zahlen in die Kästchen.
4. Male das Bild bunt an.

Name: ______________________ Datum: ______________

So leben Hühner

Hühner baden gern im Staub.

Der Hahn kräht: „Kikeriki!“

Die Hennen legen Eier.

Sie scharren im Boden und picken nach Nahrung.

Die Küken bleiben immer in der Nähe der Mutter.

Nachts schlafen die Hühner auf einer Stange.

Aufgaben

1. Schaue dir die Bilder an.
2. Lies die Sätze. Was passt zusammen?
   Verbinde.
3. Male die Bilder an.

BVK · Teresa Zabori: Themenheft „Huhn“

Name: ________________________________ Datum: ______________

Ein Tag bei den Hühnern

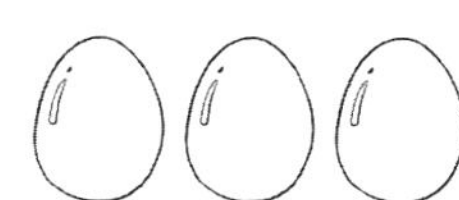

Aufgaben

1. Lies die Sätze.
2. Markiere die Tageszeiten farbig.
3. Schneide die Kästen aus. Bringe sie in die richtige Reihenfolge.
   Schreibe die Zahlen von 1 – 7 in die Kreise.
4. Klebe die Kästen in der richtigen Reihenfolge auf ein Blatt Papier.

Am Nachmittag scharren und picken sie nach Nahrung. Sie nehmen ein Staubbad. Damit reinigen sie ihre Federn. ◯

Die Hühner wachen vor Sonnenaufgang auf. Der Hahn kräht laut: „Kikeriki!" Die Hühner putzen ihre Federn. ◯

Abends gehen die Hühner in den Stall. Dort sind sie vor Feinden geschützt. ◯

Mittags ruhen sich die Hühner aus. ◯

Die Hennen legen meist vormittags ein Ei in das Nest. ◯

Nachts schlafen sie auf einer Stange. ◯

Morgens suchen sie Futter. ◯

Name: ______________________________ Datum: ______________

Wie sieht ein Huhn aus?

Aufgaben

1. Schneide die Puzzleteile aus.
   Setze sie richtig zusammen.
2. Klebe das Puzzle auf ein Blatt.
3. Lies die Wörter und verbinde richtig.
4. Male das Bild an.

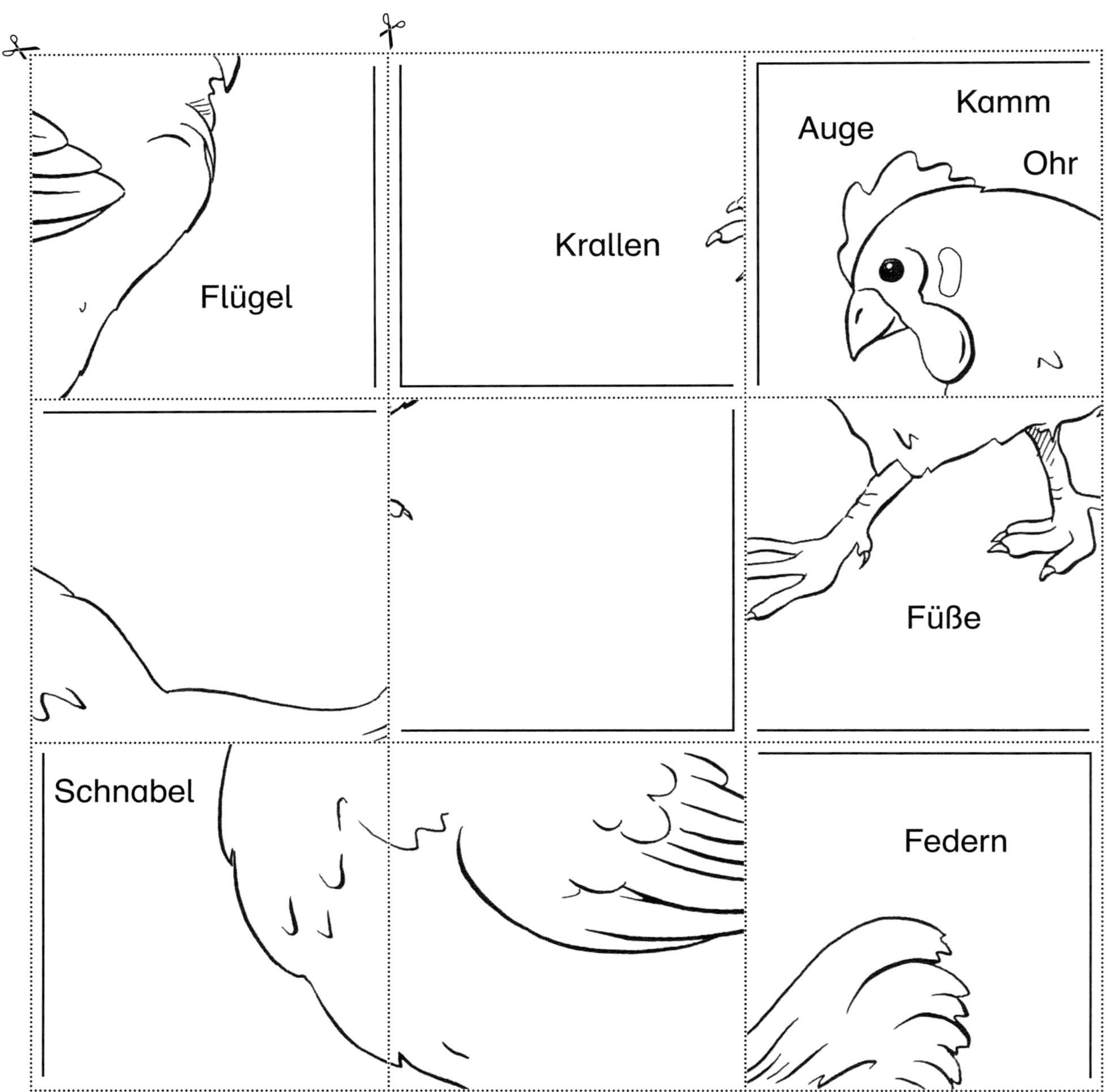

Name: ______________________________ Datum: ______________

Die Körperteile der Henne

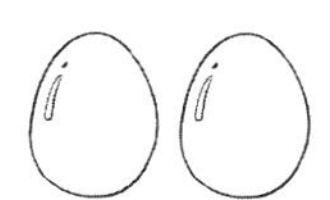

Schnabel – Auge – Flügel – Füße – Krallen – Federn – Kamm – Ohr

Aufgaben

1. Schaue dir das Bild an.
2. Lies die Namen der Körperteile.
3. Schreibe sie auf die richtigen Linien.
4. Male die Henne an. Vergleiche sie mit dem Hahn.

Name: ______________________ Datum: ____________

Die Körperteile des Hahns

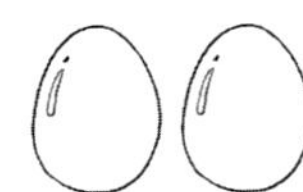

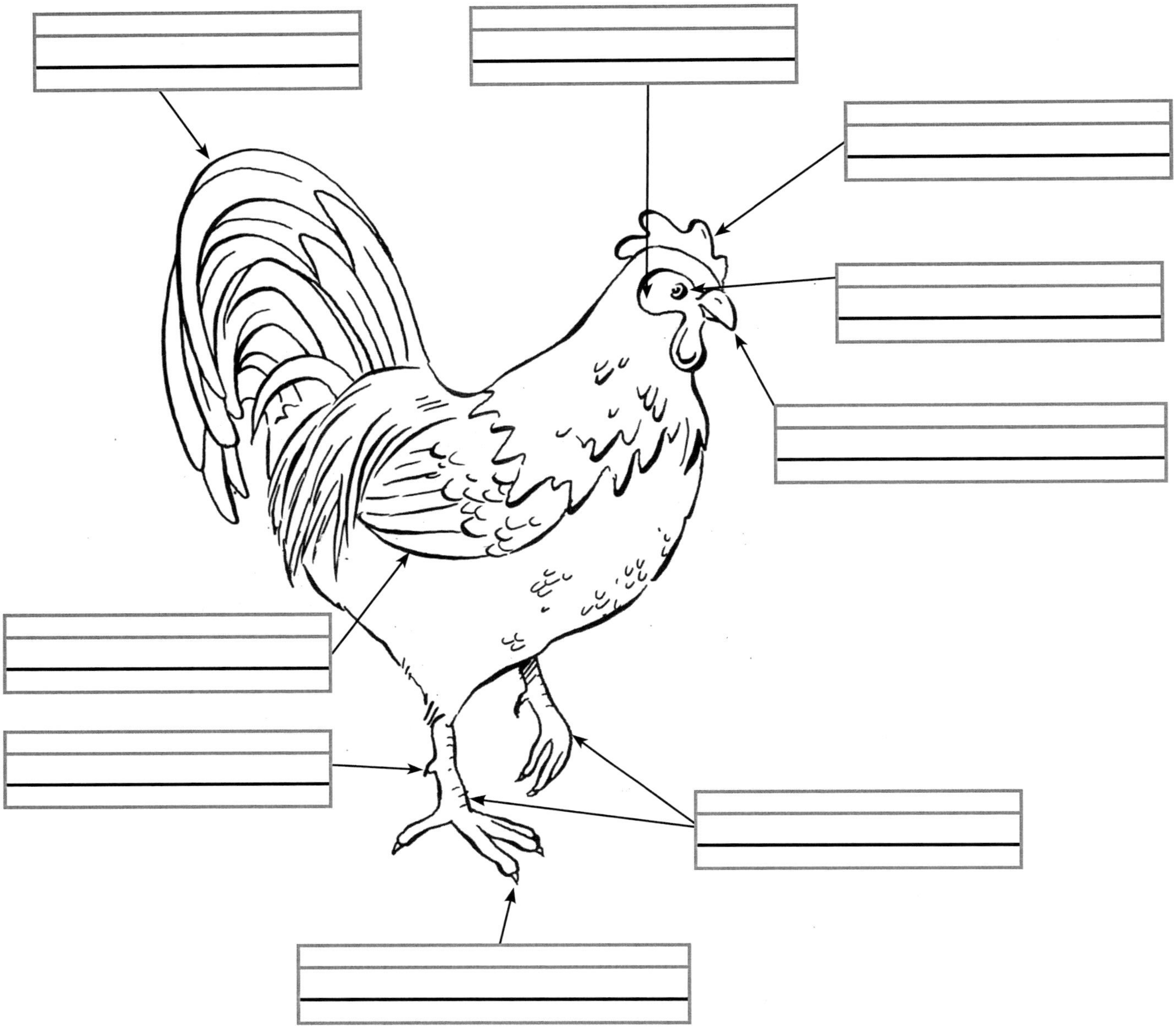

Schnabel – Auge – Flügel – Füße – Krallen – Federn – Kamm – Ohr – Sporn

Aufgaben

1. Schaue dir das Bild an.
2. Lies die Namen der Körperteile.
3. Schreibe sie auf die richtigen Linien.
4. Male den Hahn an. Vergleiche ihn mit der Henne.

Name: ____________________ Datum: __________

Der Körperbau der Hühner (1)

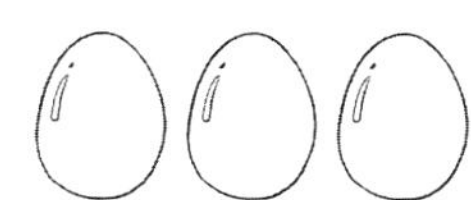

Hühner erkennen sich gegenseitig am **Gesicht.** Ein Huhn kann sich bis zu 100 andere Hühnergesichter merken.

Mit den **Flügeln** können Hühner flattern und kurz vom Boden abheben. Fliegen können sie aber nicht.

Das dichte **Federkleid** schützt sie vor Sonne, Regen und Kälte.

Mit dem **Schnabel** picken Hühner ihre Nahrung auf und verteidigen sich gegen Feinde.

Die **Krallen** sind scharf. Mit ihnen können Hühner kämpfen.

Hühner können mit ihren **Augen** in zwei verschiedene Richtungen gucken. Mit einem Auge suchen sie nach Futter. Mit dem anderen Auge halten sie nach Feinden Ausschau.

Mit den **Füßen** scharren Hühner im Boden, um Nahrung zu finden.

Der Hahn besitzt einen **Sporn.** Damit kämpft er gegen Feinde.

Aufgaben

1. Schaue dir den Körper des Huhns gut an.
2. Lies die Sätze.

Name: ______________________ Datum: __________

Der Körperbau der Hühner (2)

1. Hühner haben am Fuß …

☐	… sieben Zehen.	E
☐	… Krallen.	M
☐	… vier Zehen.	I

2. Hühner kämpfen mit …

☐	… ihrem Schnabel.	S
☐	… ihren Krallen.	T
☐	… ihrem Sporn (Hahn).	H

3. Mit den Flügeln können sie …

☐	… flattern.	A
☐	… fliegen.	O
☐	… gackern.	S

4. Im Gesicht …

☐	… sehen alle Hühner gleich aus.	T
☐	… können sie sich untereinander gut erkennen.	U
☐	… sitzen Augen.	F

5. Die Federn …

☐	… wärmen die Hühner.	E
☐	… sind immer braun.	R
☐	… schützen vor Sonne und Regen.	N

Tipp: Hier scharren und picken Hühner besonders gern!

Lösungswort: ___ ___ ___ ___ ___ ___ ___ ___ ___ ___

Aufgaben

3. Lies nun die Sätze oben. Was ist richtig? ☒ Kreuze an und ○ kreise den richtigen Buchstaben ein. **Achtung:** Manchmal gibt es mehrere richtige Antworten!
4. Schreibe das **Lösungswort** auf die Linien.
5. Male ein Bild mit Hühnern zum Lösungswort.

BVK · Teresa Zabori: Themenheft „Huhn“

Name: ______________________________ Datum: ______________

Vom Ei zum Küken

Aufgaben

1. Schneide die Bilder aus.
2. Schaue dir die Bilder gut an. Bringe sie in die richtige Reihenfolge. Schreibe Zahlen von 1 – 7 in die Kreise.
3. Klebe die Bilder auf ein Blatt.
4. Erzähle.

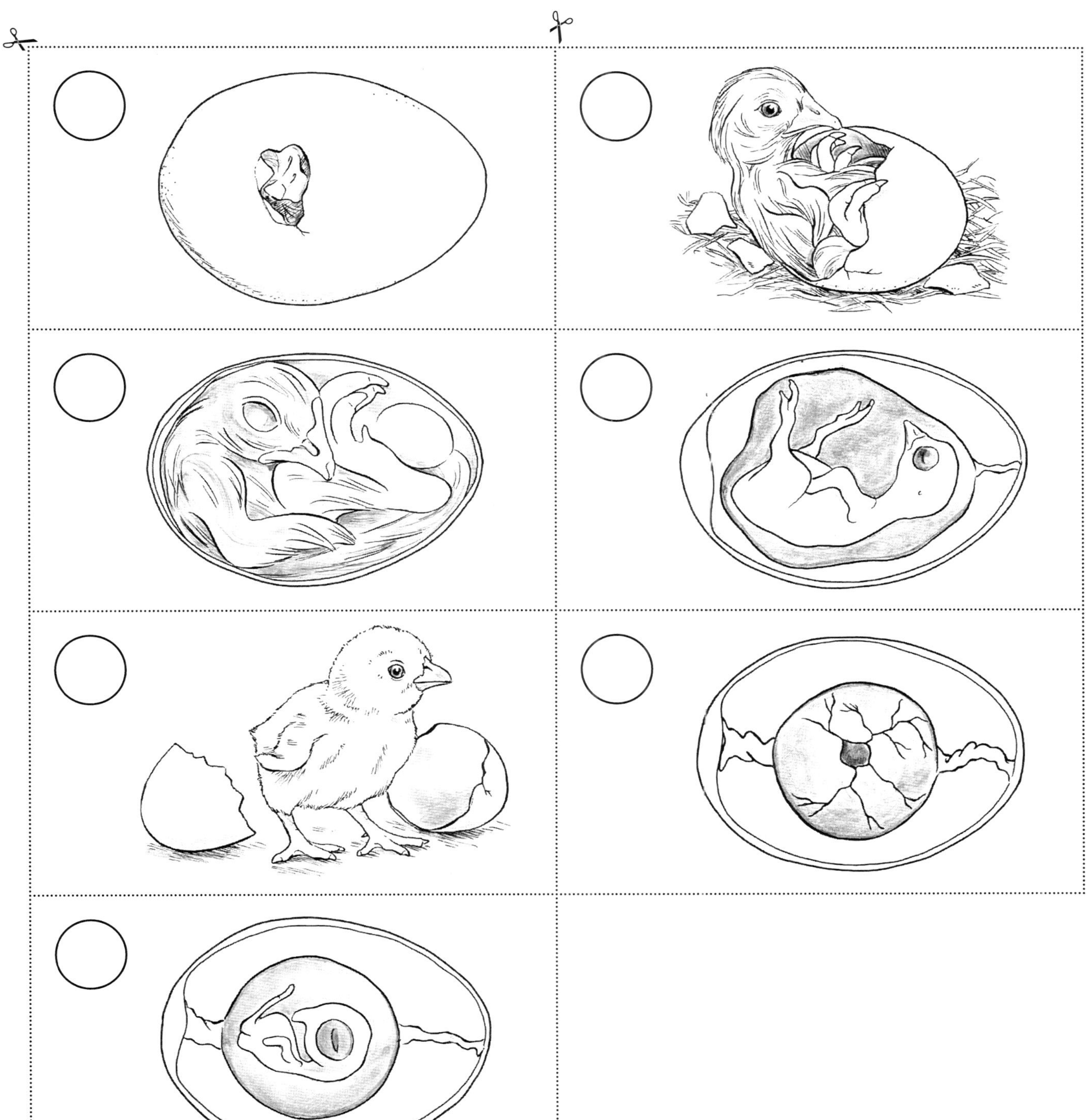

Name: ______________________ Datum: __________

Nachwuchs bei den Hühnern

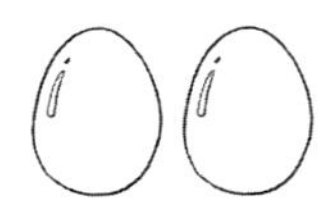

Aufgaben

1. Schaue dir die Bilder an. Lies die Sätze.
2. Schneide sie aus und ordne sie richtig zu.
3. Bringe alles in die richtige Reihenfolge.
4. Klebe die Sätze und Bilder richtig auf ein Blatt.

Bild	Satz
1. 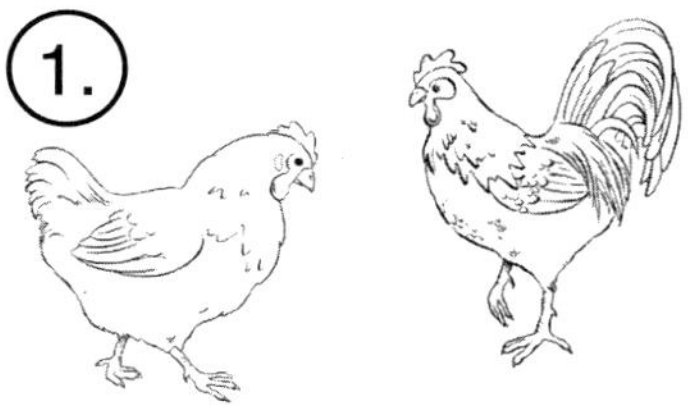	Nach drei Wochen picken die Küken mit ihrem Eizahn die Schale auf.
2. 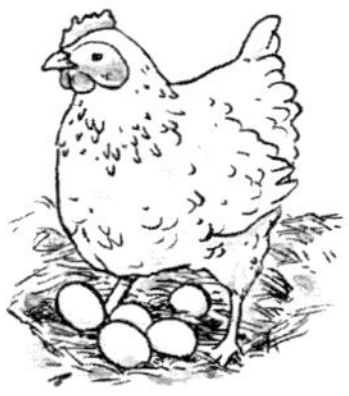	Der Hahn und die Henne treffen sich.
3. 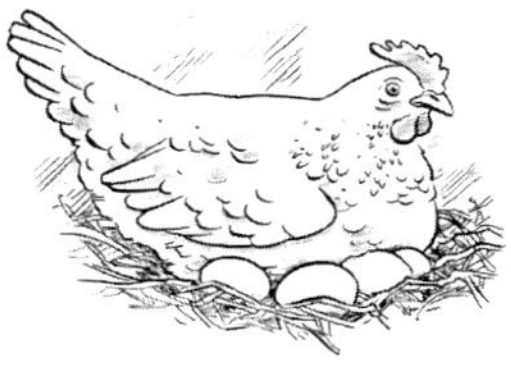	Dann schlüpfen sie aus dem Ei.
4. 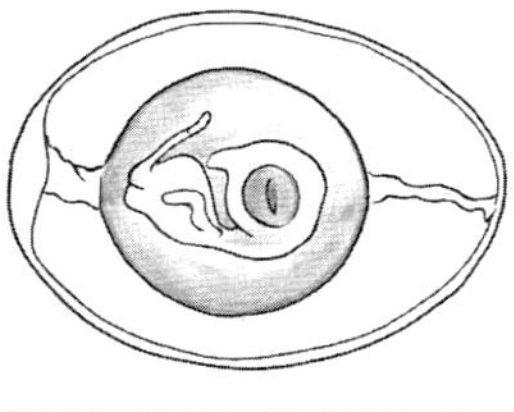	Die Henne legt Eier in das Nest.
5. 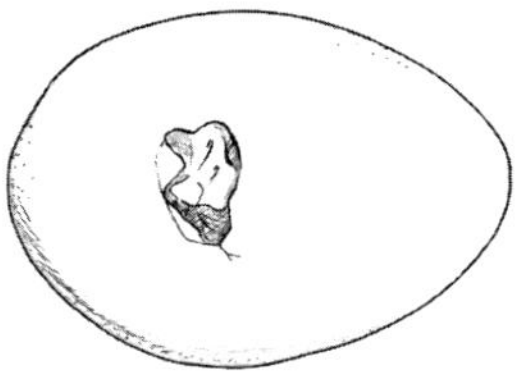	In den Eiern wachsen die Küken heran.
6. 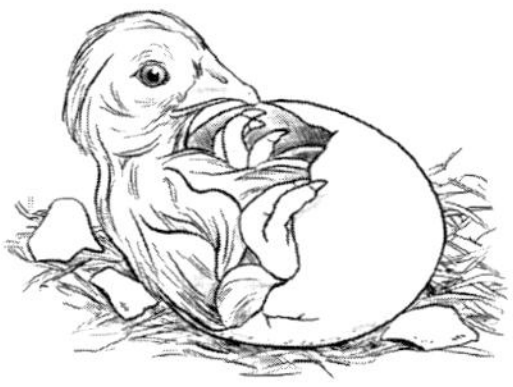	Sie setzt sich auf die Eier und hält sie schön warm. Sie brütet.

Name: ______________________ Datum: ____________

Wie entstehen kleine Küken?

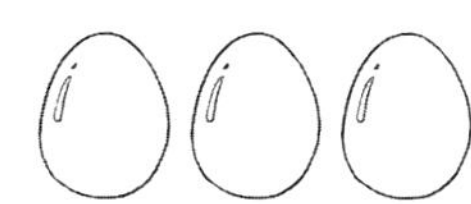

Hühner legen viele Eier. Aber nicht in allen Eiern entwickeln sich Küken. Nur wenn eine Henne mit einem Hahn zusammenlebt, kann sie Eier legen, aus denen später Küken schlüpfen.
Die Henne sucht sich ein weiches Nest. In das Nest legt sie fünf bis acht Eier. Jeden Tag kommt ein neues Ei hinzu.
Dann beginnt die Henne zu brüten. Sie setzt sich auf die Eier und wärmt sie. Immer wieder dreht sie die Eier mit ihrem Schnabel um. In den Eiern wachsen die Küken heran.
Nach drei Wochen ist es endlich soweit, die Küken schlüpfen.
Mit einem Eizahn an ihrem Schnabel picken sie sich durch die Schale. Das ist ganz schön anstrengend!
Die kleinen Küken sind zuerst sehr müde und müssen sich ausruhen.
Aber schon nach kurzer Zeit werden sie munter. Bald machen sie mit ihrer Mutter und ihren Geschwistern die ersten Ausflüge.

> Eine brütende Henne nennt man Glucke.

	richtig	**falsch**
1. Aus allen Eiern können Küken schlüpfen.	MA	NE
2. Die Henne legt zehn bis zwölf Eier ins Nest.	GI	ST
3. Danach beginnt sie zu brüten.	FL	RO
4. Die Küken schlüpfen nach drei Tagen.	ÖM	ÜC
5. Sie hacken mit den Krallen die Schale auf.	PL	HT
6. Nach dem Schlüpfen sind die Küken müde.	ER	AN

Lösung:
Küken sind ___ ___ ___ ___ ___ ___ ___ ___ ___ ___ ___ ___ .
Sie verlassen ihr Nest schon kurz nach der Geburt.

Aufgaben

1. Lies, wie kleine Küken entstehen.
2. Lies nun die Sätze. Sind sie richtig oder falsch ?
3. Umkreise die richtigen Buchstaben.
   Schreibe das **Lösungswort** auf die Linien.

Name: ______________________ Datum: ____________

Speisen vom Huhn

Aufgaben

1. Schaue dir die Bilder an. Welche Speisen kommen vom Huhn?
2. Male alle richtigen Bilder bunt an und schneide sie aus.
3. Male einen Einkaufskorb auf ein Blatt. Klebe die Bilder hinein.

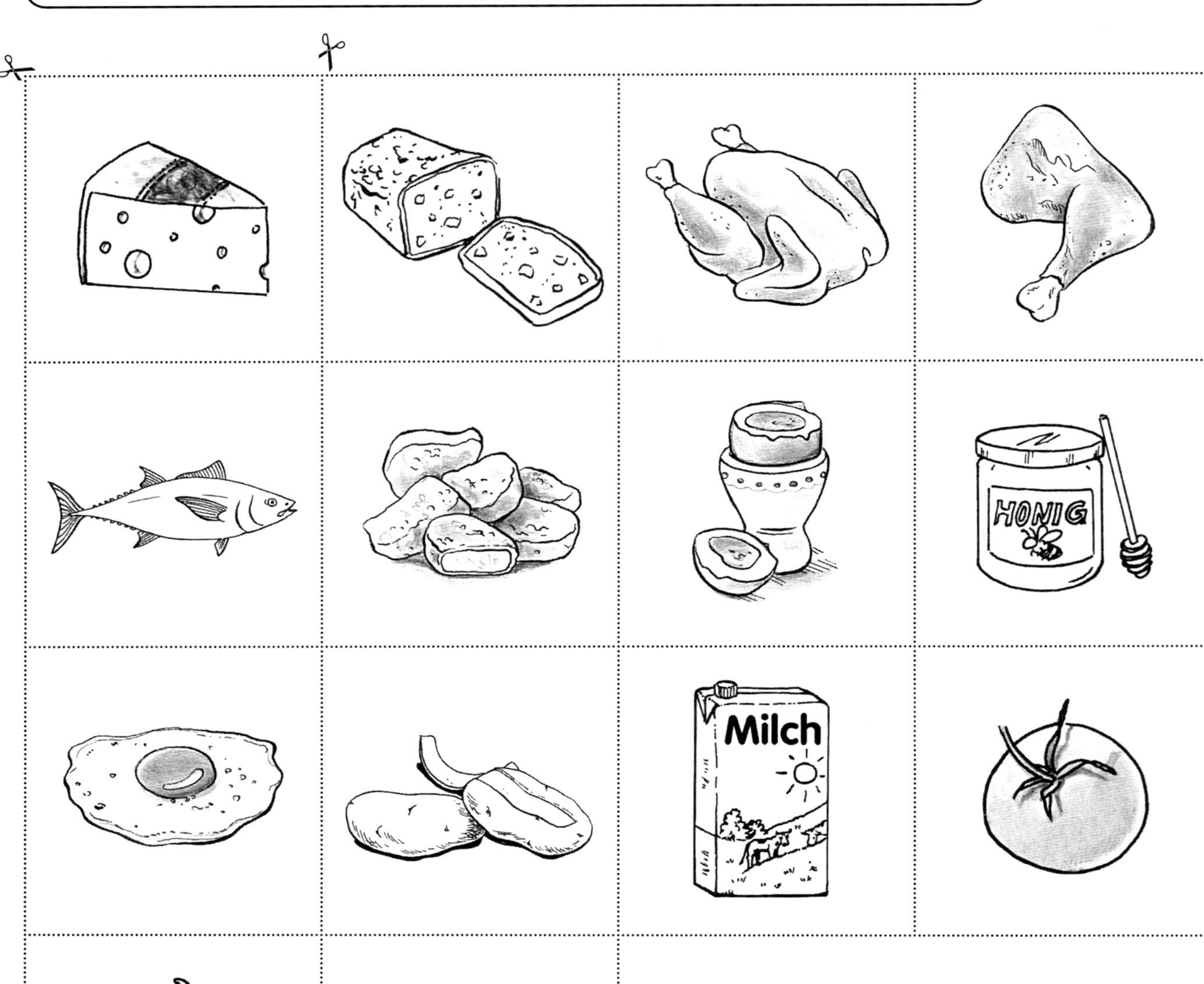

Name: ______________________ Datum: ____________

Domino: Wie kommt das Ei in den Supermarkt? 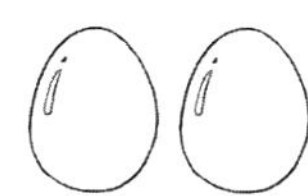

Aufgaben

1. Schneide die Karten an der gepunkteten Linie aus.
2. Suche dir einen Mitspieler. Spielt das Domino und legt die Karten richtig aneinander.

START	Die Henne legt ein Ei.		Die Eier werden auf einem Förderband transportiert.
	Schmutzige und kaputte Eier werden weggenommen.		Die Eier werden durchleuchtet.
	Jedes Ei bekommt eine Nummer aufgestempelt.	2-DE-0212341	Die Eier werden gewogen und sortiert.
	Dann werden sie in Kartons verpackt.		Ein Lieferwagen bringt die Eier in den Supermarkt.
	Im Supermarkt kannst du die Eier kaufen.		**ENDE**

Name: ______________________ Datum: ____________

Woher kommt das Ei?

Jedes Ei hat eine Nummer. An der Nummer kannst du erkennen, woher das Ei kommt und wie die Hühner gehalten werden.

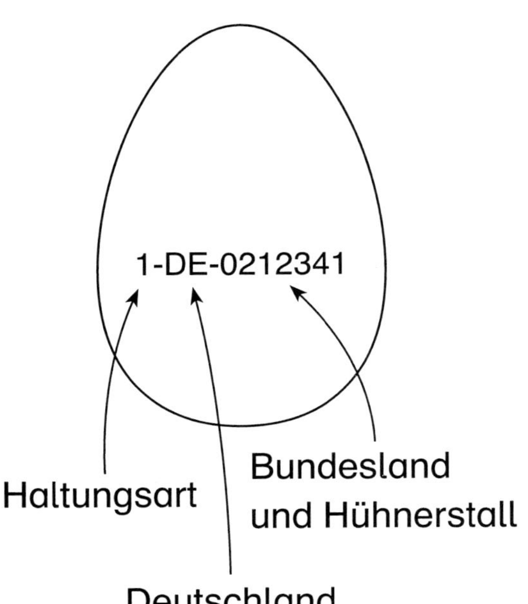

0-DE-0212341

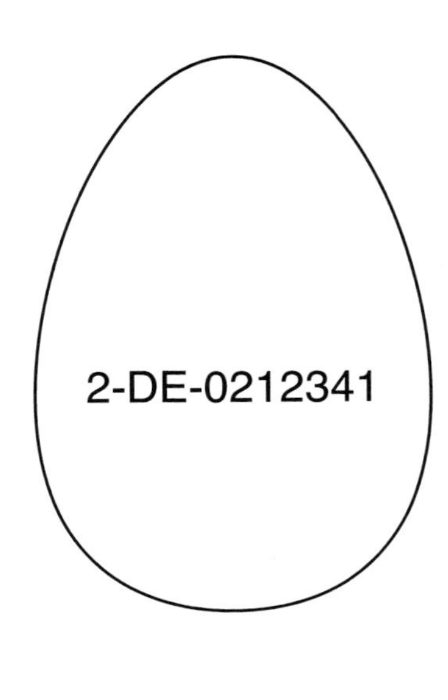

______________________ ______________________

0 = **Bio-Haltung:** Die Hühner bekommen Bio-Futter. Sie haben Auslauf nach draußen.
1 = **Freiland-Haltung:** Die Hühner haben viel Auslauf nach draußen.
2 = **Boden-Haltung:** Die Hühner haben nicht viel Platz. Sie bleiben immer im Stall.
3 = **Kleingruppenkäfig-Haltung:** Die Hühner leben in kleinen Käfigen.

Aufgaben

1. Schaue dir das erste Ei an.
   Lies, was die Nummern auf dem Ei bedeuten.
2. Aus welcher Haltung kommen die anderen beiden Eier?
   Schreibe auf die Linien.
3. Welches der drei Eier würdest du kaufen? Warum?
   Sprecht in der Klasse darüber.

Name: ______________________ Datum: ____________

Was fressen Hühner?

T	S	C	H	N	E	C	K	E	N
D	P	Z	R	Q	Ä	L	U	W	Q
Ä	I	N	S	E	K	T	E	N	Y
Z	N	H	V	O	F	Q	U	Z	H
Q	N	F	A	Z	N	V	F	Q	K
G	E	M	Ü	S	E	H	L	A	Ö
Y	N	V	L	W	Ü	R	M	E	R
K	G	R	A	S	N	Z	Q	F	N
M	A	Q	O	F	H	A	O	Z	E
N	H	V	K	R	Ä	U	T	E	R

Aufgaben

1. Im Suchsel hat sich die Nahrung der Hühner versteckt. Findest du die 8 Wörter? Suche waagerecht → und senkrecht ↓.
2. Markiere die Wörter bunt.
3. Schreibe sie auf die Linien.

Name: ______________________ Datum: ____________

Die Feinde der Hühner

___ ___ ___ ___ ___

___ ___ ___ ___ ___ ___ ___

___ ___ ___ ___ ___ ___

___ ___ ___ ___ ___ ___

___ ___ ___ ___ ___ ___

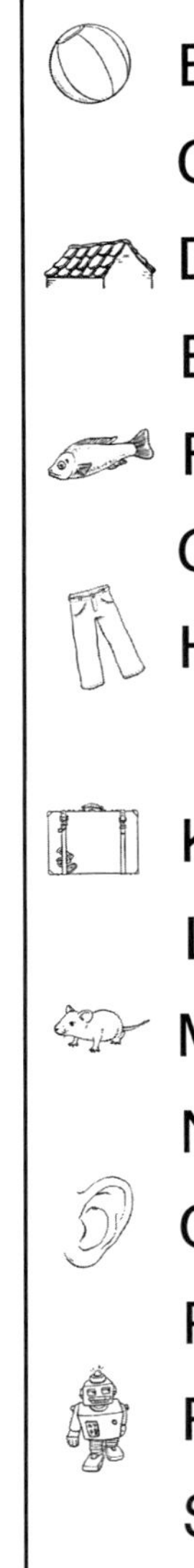

1. Wie heißen die Feinde der Hühner?
2. Schreibe die richtigen Buchstaben auf die Linien.
3. Male die Tiere bunt an.

BVK • Teresa Zabori: Themenheft „Huhn“

Name: ______________________________ Datum: ____________

Wie sieht ein Ei von innen aus?

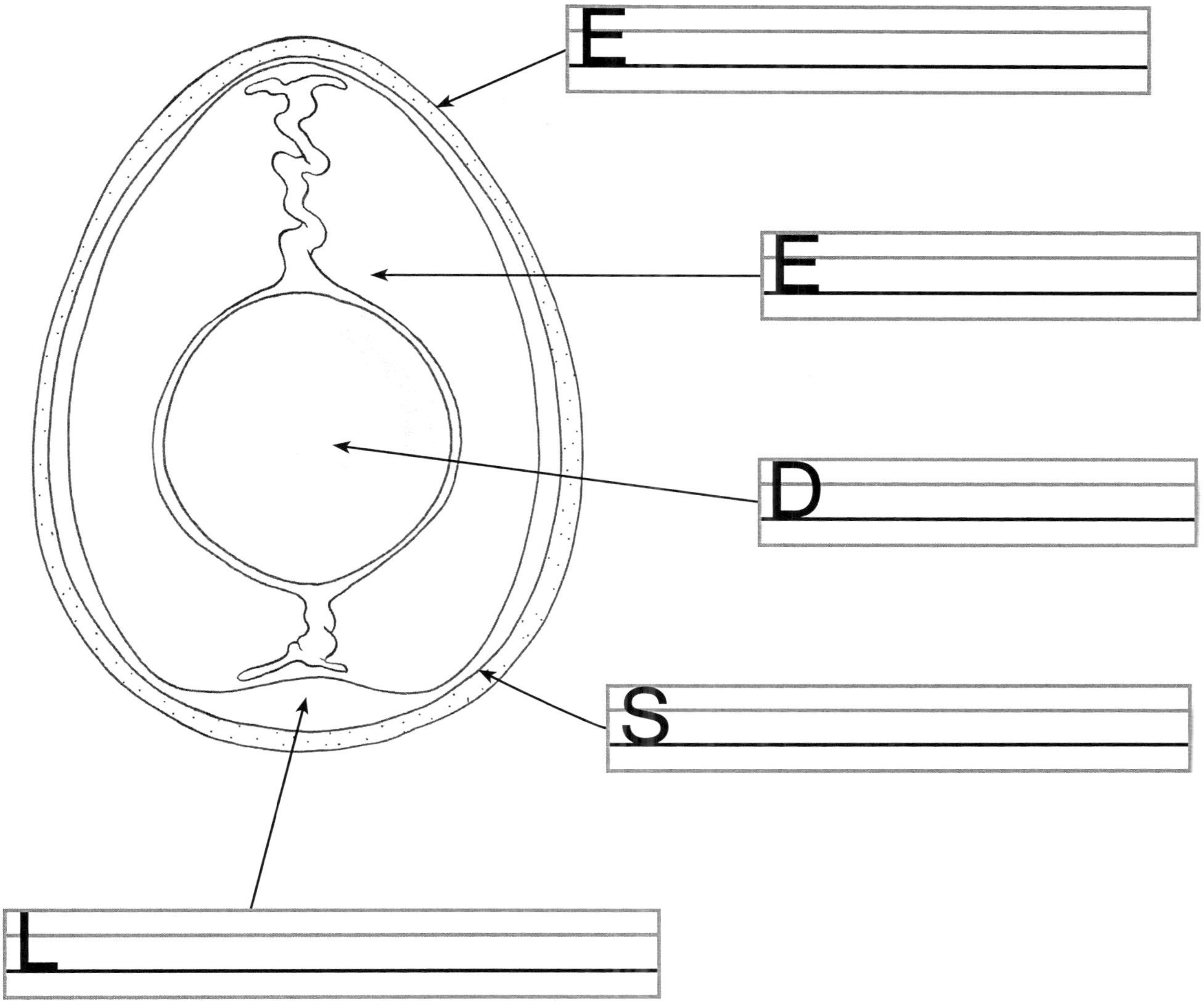

E ______________________

E ______________________

D ______________________

S ______________________

L ______________________

Dotter – Eiklar – Luftkammer –
Eierschale – Schalenhaut

Aufgaben

1. Schaue dir das Ei an. Lies die Wörter.
2. Schreibe sie auf die richtigen Linien.
3. Male das Ei in den richtigen Farben an.

Experiment 1 – Der Wassertest: Frisch oder alt?

Welches Ei ist frisch? Welches ist alt? Findet es in diesem Experiment heraus!

Ihr braucht: rohe Eier, Gläser, Wasser

So geht es:

1. Füllt die Gläser mit Wasser.
2. Legt vorsichtig in jedes Glas ein Ei.
3. Beobachtet: Was passiert mit den Eiern?
4. Malt und schreibt eure Beobachtung in euer Heft.
5. Findet ihr eine Erklärung?

Lösungskarte – Der Wassertest: Frisch oder alt?

Das Ei ist ganz frisch.

Das Ei ist etwa eine Woche alt.

Das Ei ist etwa zwei Wochen alt.

Das Ei ist etwa vier Wochen alt.
Wenn das Ei schwimmt, solltet ihr es nicht mehr essen!

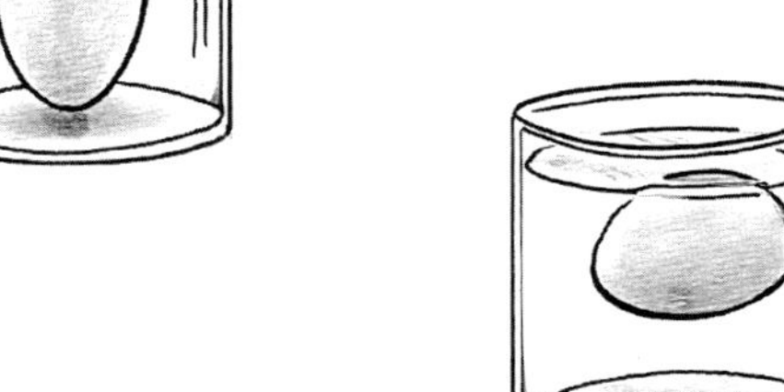

Erklärung: Durch die Schale strömt immer mehr Luft in das Ei. Dadurch wird es mit der Zeit immer leichter, bis es schließlich schwimmt.

BVK • Teresa Zabori: Themenheft „Huhn“

Experiment 2 – Der Drehtest: Roh oder gekocht?

Welches Ei ist roh? Welches ist gekocht? Findet es in diesem Experiment heraus!

Ihr braucht: 1 rohes Ei, 1 gekochtes Ei

So geht es:

1. Legt die Eier auf den Tisch.
2. Dreht sie wie einen Kreisel.
3. Was beobachtet ihr?
   Malt und schreibt eure Beobachtung in euer Heft.
4. Vermutet: Welches Ei ist roh? Welches Ei ist gekocht?
5. Findet ihr eine Erklärung?

Lösungskarte – Der Drehtest: Roh oder gekocht?

Das Ei dreht sich schnell und lange.
Es ist gekocht.

Das Ei dreht sich langsam und kurz.
Es wackelt ein bisschen. Das Ei ist roh.

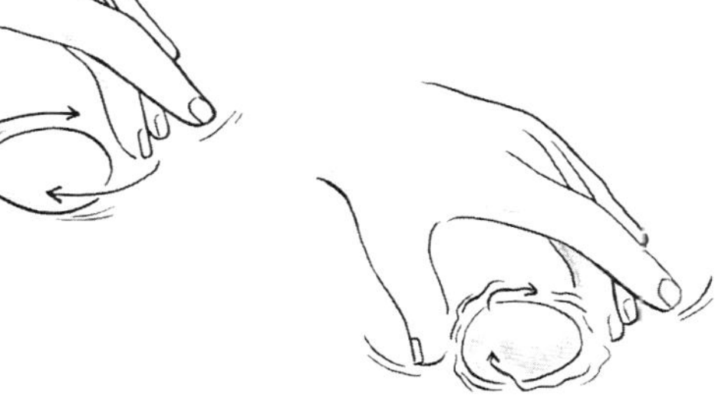

Erklärung: Das gekochte Ei ist innen fest. Das rohe Ei ist innen flüssig. Wenn sich das rohe Ei dreht, bewegt sich die Flüssigkeit. Deshalb wackelt das Ei und die Bewegung wird abgebremst.

Name: ______________________ Datum: ____________

Küken als Eierbecher

Du brauchst:

1 Klopapierrolle (für 2 Küken) • gelbes und orangefarbenes Tonpapier • Schere • Bleistift • 1 schwarzer Stift • Kleber

So geht es:

1. Schneide die Klopapierrolle in der Mitte durch.
2. Schneide die Bastelvorlagen aus. Lege den Körper und die Flügel auf das gelbe Tonpapier und zeichne die Umrisse nach.
   Schneide sie aus.
3. Lege den Schnabel auf das orangefarbene Papier und zeichne den Umriss nach.
   Schneide den Schnabel aus.
4. Male deinem Küken zwei Augen.
5. Klebe den Schnabel in das Gesicht des Kükens.
6. Wickle das Küken um die Klopapierrolle und klebe es fest.
   Klebe nun an den Seiten die Flügel an.

Fertig ist dein Küken!

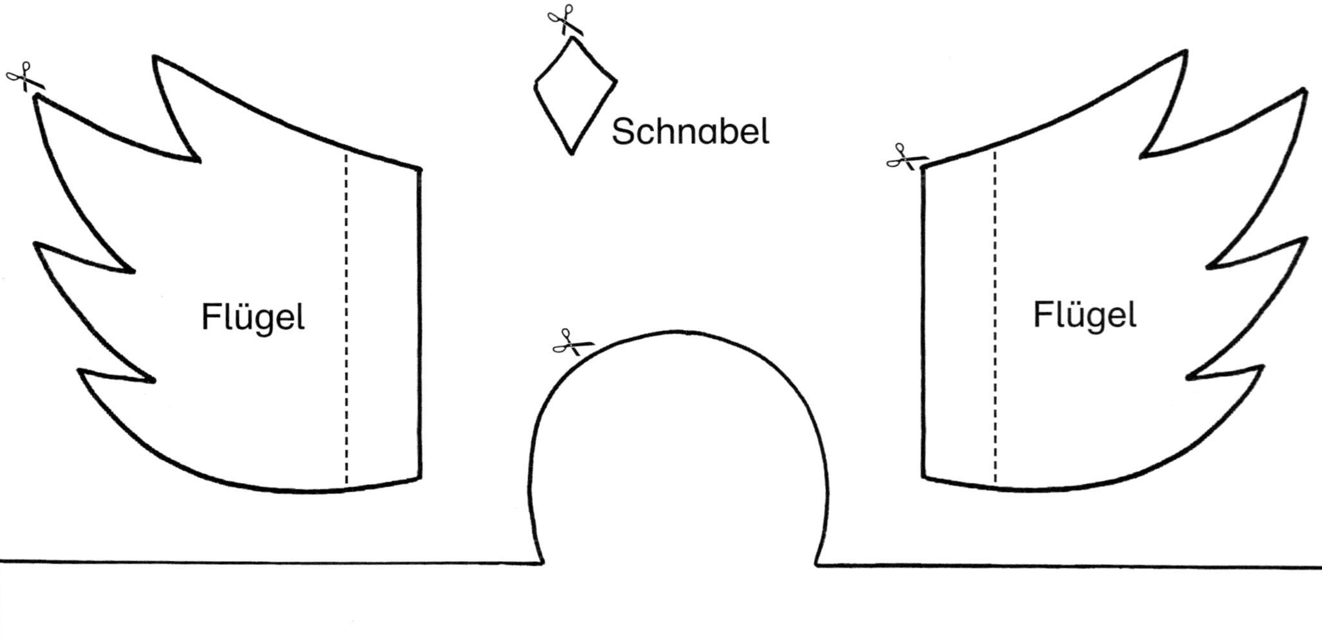

Name: ______________________ Datum: __________

Was hast du behalten? (1)

1. Wie heißen die Hühner? Verbinde richtig.

Küken

Hahn

Henne

2. Schreibe die Namen der Körperteile auf die Linien.

Schnabel – Auge – Flügel – Füße – Krallen – Federn – Kamm – Ohr

Name: ____________________ Datum: ____________

Was hast du behalten? (2)

3. ✎ Nummeriere richtig von 1 – 4.

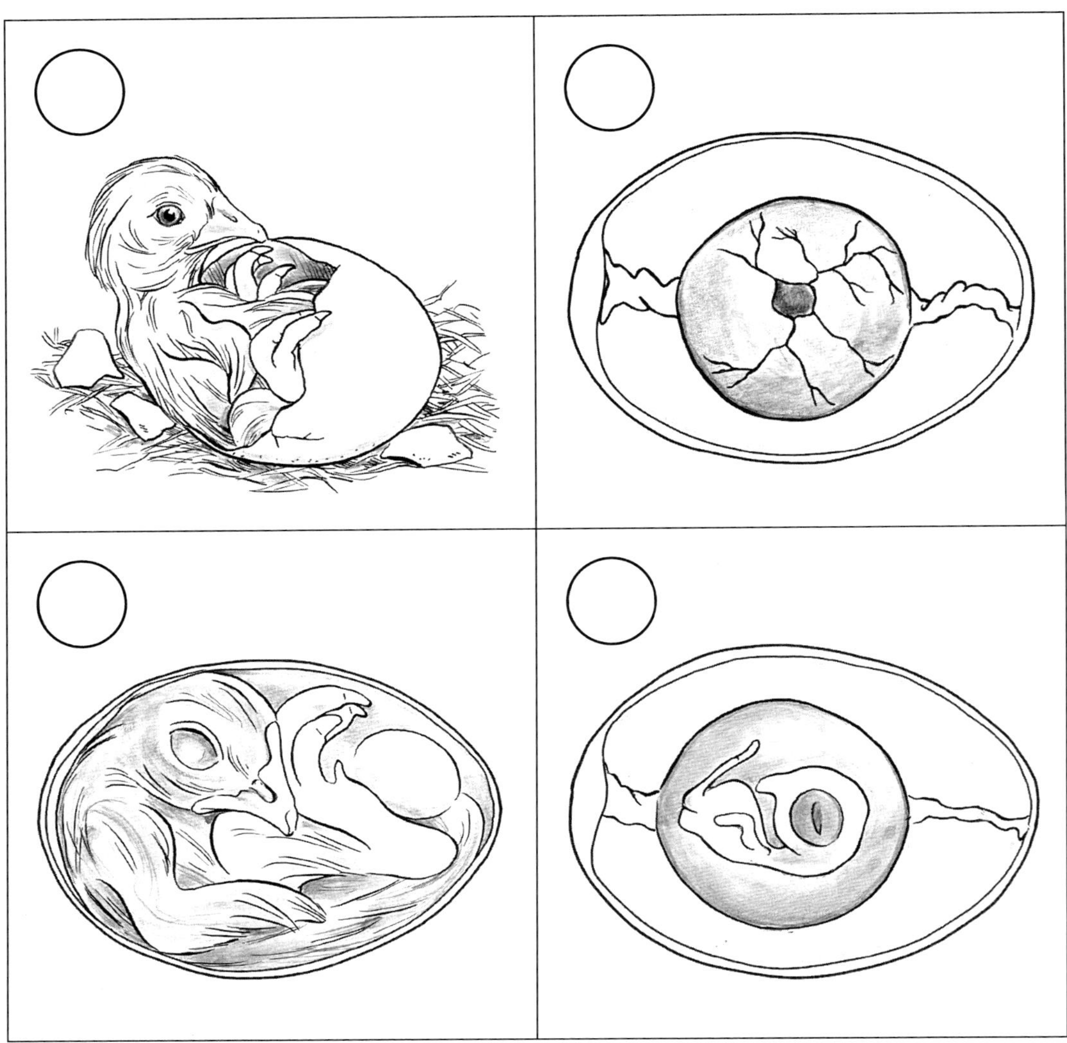

4. Was ist richtig?  Kreuze an.

- [ ] Hühner picken Würmer, Insekten und Körner.
- [ ] Der Hahn legt die Eier.
- [ ] Hühner baden gern im Staub.
- [ ] Nachts schlafen die Hühner auf einer Stange.

Lösungen (1)

zu Seite 9: Hühner-Suchbild

6 Küken • 15 Hennen • 1 Hahn

zu Seite 10: So leben Hühner

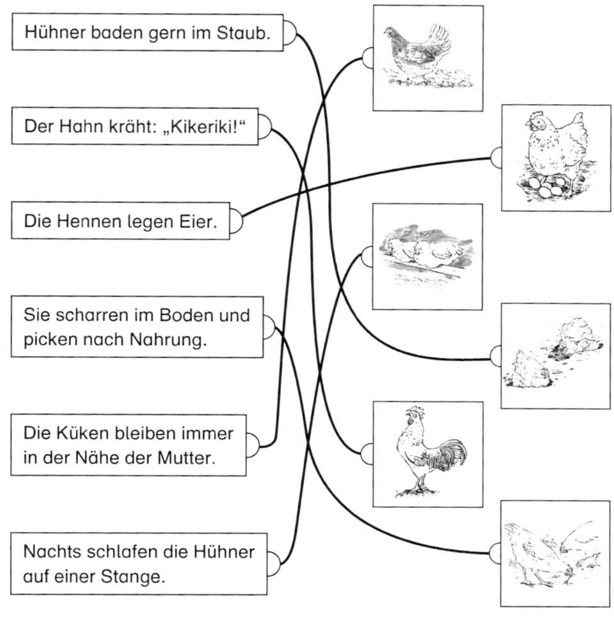

zu Seite 11: Ein Tag bei den Hühnern

Am Nachmittag scharren und picken sie nach Nahrung. Sie nehmen ein Staubbad. Damit reinigen sie ihre Federn.	5
Die Hühner wachen vor Sonnenaufgang auf. Der Hahn kräht laut: „Kikeriki!" Die Hühner putzen ihre Federn.	1
Abends gehen die Hühner in den Stall. Dort sind sie vor Feinden geschützt.	6
Mittags ruhen sich die Hühner aus.	4
Die Hennen legen meist vormittags ein Ei in das Nest.	3
Nachts schlafen sie auf einer Stange.	7
Morgens suchen sie Futter.	2

zu Seite 12: Wie sieht ein Huhn aus?

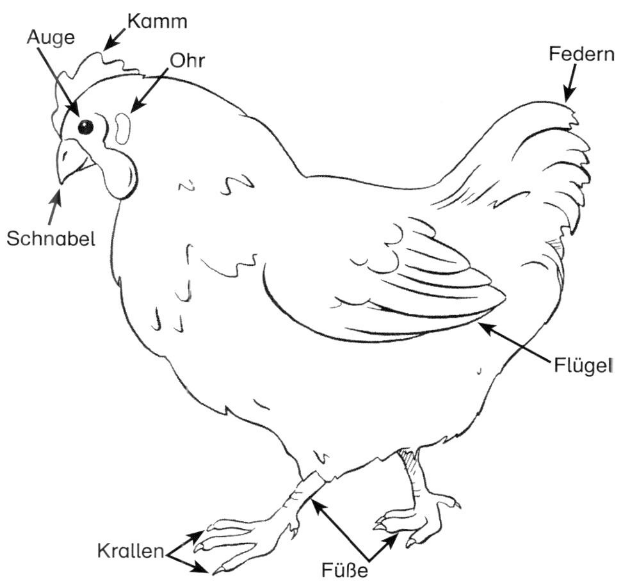

zu Seite 16: Der Körperbau der Hühner (2)

MISTHAUFEN

zu Seite 17: Vom Ei zum Küken

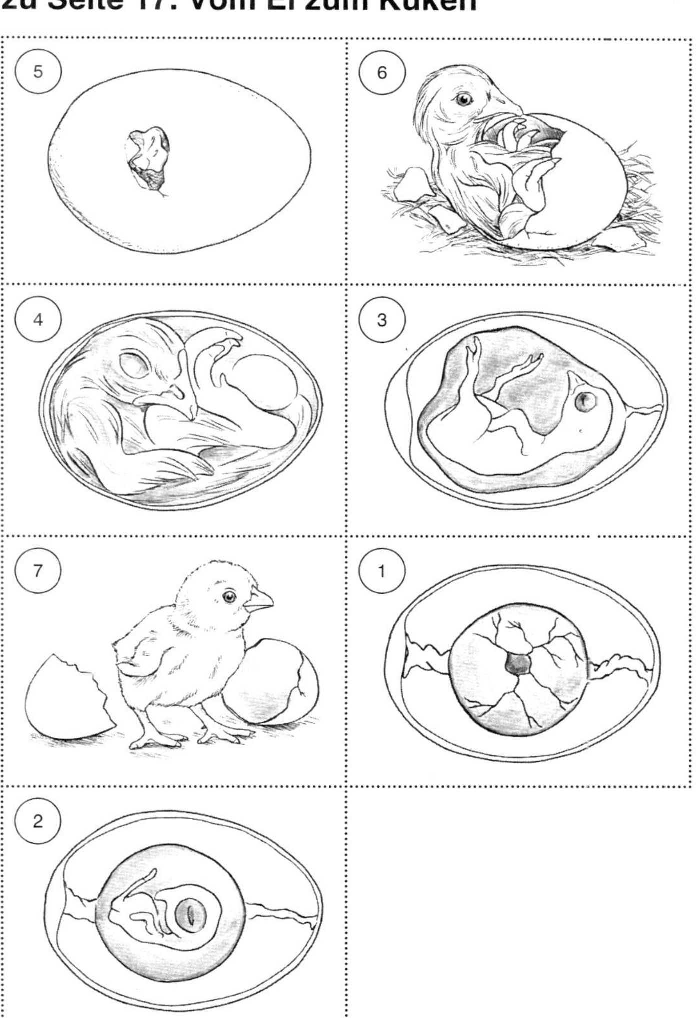

Lösungen (2)

zu Seite 19: Wie entstehen kleine Küken?

NESTFLÜCHTER

zu Seite 20: Speisen vom Huhn

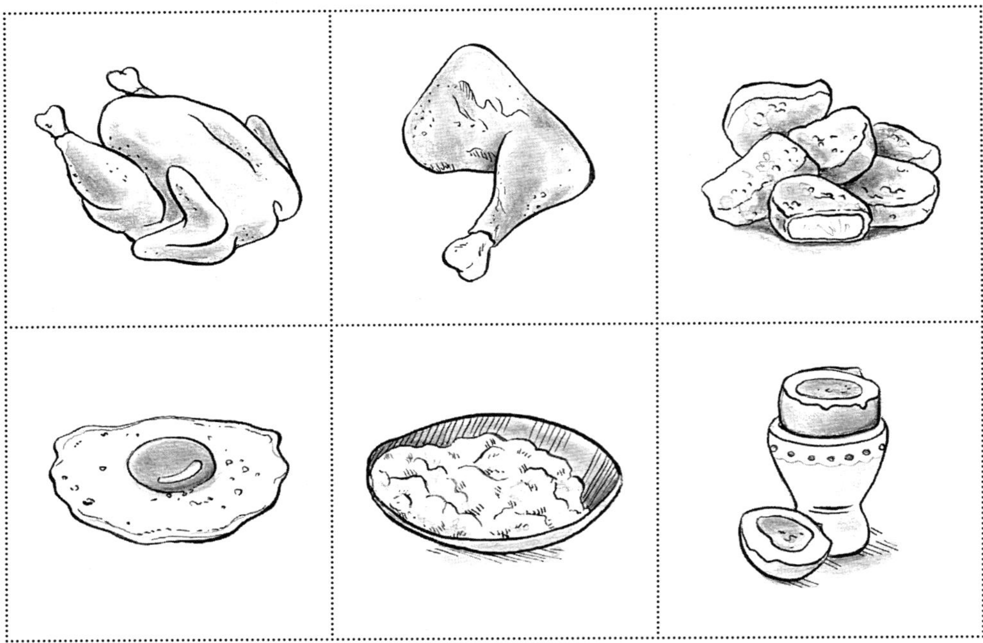

zu Seite 23: Was fressen Hühner?

	S	C	H	N	E	C	K	E	N
	P								
	I	N	S	E	K	T	E	N	
	N								
	N								K
G	E	M	Ü	S	E				Ö
	N			W	Ü	R	M	E	R
	G	R	A	S					N
									E
			K	R	Ä	U	T	E	R